2619 -
3730 - 50
5656 -
12,665 - 50

	800	catalogues	a 10	8	0
	43	Montages	a 10	4	30
1	44		a 15	6	60
X	29		a 25	7	25
	12	Mains chemises	a 1.50	18	
	Honoraires	10 %		1,200	50
				1,316	65

CATALOGUE

ESTAMPES

ANCIENNES ET MODERNES

ALMANACHS, BLASON, PIÈCES HISTORIQUES

PORTRAITS

Mme DU BARRY, de Beauvarlet
RÉCAMIER de Cardon, CONTAT d'ap. Desrais
Mlle DU T. de Janinet, etc., couleur

CARICATURES, VUES, VIGNETTES

GONCOURT, L'ART AU XVIIIe SIÈCLE, COMPLET

DESSINS ORIGINAUX

Fragonard, LÉONARD DE VINCI, Moreau, etc.

COLLECTION DE M. A....

DONT LA VENTE AURA LIEU

HOTEL DES COMMISSAIRES-PRISEURS

RUE DROUOT, 9, SALLE Nº 4

Les Jeudi 23, Vendredi 24 et Samedi 25 Octobre 1879

A UNE HEURE PRÉCISE

Mᵉ ESCRIBE, Commissaire-Priseur, rue de Hanovre, 6,
Et Mᵉ MAURICE DELESTRE, son confrère, rue Drouot, 27
Assistés de M. VIGNÈRES, marchand d'Estampes,
rue de la Monnaie, 21, à l'entresol,
CHEZ LEQUEL SE DISTRIBUE LE CATALOGUE,

PARIS — OCTOBRE — 1879

ORDRE DES VACATIONS

PREMIÈRE VACATION

DEUXIÈME VACATION

TROISIÈME VACATION

CONDITIONS DE LA VENTE

Les attributions de l'Amateur ont été conservées pour les dessins.

Au comptant.

Les Acquéreurs paieront CINQ POUR CENT en plus des enchères.

M. VIGNÈRES, dirigeant la vente, se charge des Commissions.

NOTA. Toute commission sans prix fixé ou sans limite déterminée sera regardée comme nulle.

M. VIGNÈRES se charge de faire marquer les prix aux Catalogues des ventes qu'il a faites. Les personnes qui le désirent peuvent s'adresser à lui *franco*.

Choix de Catalogues avec prix marqués.

M. VIGNÈRES se charge des commissions dans les Ventes de Livres et Estampes autres que les siennes.

CATALOGUE

ESTAMPES ANCIENNES

BLASON, PIÈCES HISTORIQUES

1 **Album** contenant des Beham, Aldegraver, Stephanus, Wierix, L. Gautier, petits Sylvestre rares. Chatillon, Cochin, Moreau, Prudhon. Vignettes, portraits, etc. Plus de 300 p.

2 — De Lettres, sur cuivre et sur bois, Blasons, Armoiries, etc. Plus de 400 p. collés sur papier bleu.

3 **Almanachs**, 1674. Prise de Maëstricht, Louis XIV à cheval, chez Girard Edelinck. — 1714. Le roi, après avoir assuré la couronne d'Espagne à son petit-fils, donne la paix à l'Europe. Chez Gallays. 2 p. Très-grand in-fol.

4 **Architecture** de Bibiena et autres. 7 p.

5 **Baur** (Wilhelm). Métamorphoses d'Ovide. In-4. Collées sur marge. 118 p.

6 **Blason** ou Art héraldique tiré de l'Encyclopédie. 33 p. Cahier.

7 — Armoiries anciennes et dessins aquarelles. Plus de 120 p.

8 — Armoiries modernes et chromo. 45 p.

9 **Blasons** de Rohan-Chabot depuis Willelmus Chabot, 1040, à Maria Margaritta Francisca de Rohan-Chabot et Ludovicus Petrus Comes a Marca. Dessin sur vélin. Grand in-fol.

10 — Arbre généalogique de Marie-Anne de Mailly-de-Neelle, alliée aux Mazarin, Coligny, Durfort-Duras, Gondi et autres. Dessin sur vélin. Grand in-fol.

11 — Généalogie de Bonaparte. Très-grand in-fol., — de Jeanne d'Arc. 22 p.

12 — Ordres et décorations de divers pays. 1 lot considérable.

13 **Bois** anciens. Sujets, Lettres. Titres. Marques d'imprimeurs, Fleurons, Ornements. Environ 400 p.

14 — Modernes et reproductions de bois anciens. Titres. Marques de libraires et imprimeurs modernes. 65 p. Salon 1864.

15 — Danse macabre, anciennes et modernes. Plus de 20 p.

16 — Lettres, Frises et Sujets. Plus de 250 p.

17 — Lettres ornées, sur bois et sur cuivre. 310 p.

18 **Bry** (Théodore). Orgueille et Folie. Fond de coupe. — Marche d'armée. 2 p.

19 **Callot**. La Belle, le Clerc et autres. 120 p.

20 — Massacre des Innocents. Feuilles de monnaies rares et autres. 22 p.

21 **École flamande**. Waterloo, Weiroter, et Sujets d'ap. divers maîtres, Hopfer et autres. 50 p.

22 **École de Fontainebleau** et Française ancienne. Leclerc, Roettiers et autres. 33 p.

23 **École italienne**. Salvator Rosa. Fac. simile, etc. 16 p.

24 **La Belle**. Cartouches avec la Mort, Vases etc. 12 p.

25 **Loguiet**. Proverbes. 6 p. Rares.

26 **Léonard de Vinci**. (D'ap.). Recueil de texte de caractère et de charges gravées par M. le C. de C. (Caylus), 1730, avec texte. 67 p. Vol. in-4. Rel. pleine aux armes. Ce numéro sera vendu après le n° 549. Les dessins originaux.

27 **Lochon** (René). Magnifique réception par le magister Daniers aux députés de Vaugirard, joué à l'hôtel de Bourgogne. In-fol. Rare.

28 **Ostade**. La Famille (B. 33). Belle ép.

29 **Paysages**, d'après Francisque, Bourdon et autres. Album de 20 p. Très-belles ép. Couvert en parch.

30 **Petits maîtres**. Suzanne de J. Binck, Beham, Stephanus et autres. 10 p.

31 **Pièces historiques et curieuses**. Proverbes du temps, Lustucru, l'Opérateur céphalique, etc. 4 p. Rares.

32 — Henri IV guerrissant les écrouelles, *Fivens excudit*, Massacre de Henri le Grand, par Bouttats. 2 p. In-fol. Rares.

33 — Massacre de la Saint-Barthélemy de Luyken, Supplice des de Witt, de Barnevelt et autres pièces de cette époque. 13 p. Très-belles.

34 — Batailles sous le gouvernement du duc d'Albe et de Jean d'Autriche. 7 p. par Wil. Baur. In-fol.

35 -- Procession de la Ligue, Larenaudie tuant Pardaillan, Massacres de Tours, Mariages, Sièges, etc. 12 p.

36 — Les petites Conquêtes de Leclerc, Temple de la Gloire, Inauguration de la statue de Louis XIV, Mariage du duc de Bourgogne, Conclave, le prince Charles de Lorraine à la chasse, etc. 15 p.

37 — Édits et Arrêts du Parlement, et Sujets d'histoire de Nîmes et autres, par Cochin, d'après Cases. 25 p.

38 — Louis XV tenant le sceau, Feux d'artifice, Lit de justice, Sacre, La Fortune des actions, Vaisseaux présentés au roi, etc. 18 p.

39 — Testament de Louis XVI. Très-grand in-fol., Crimes de la Convention nationale, Affaire des poignards, le Baquet magique, Louis XVI et Bailly, etc. 10 p.

40 — Les premières Scènes de la Révolution, par Girardet, avant la lettre et autres. 8 p.

41 — Explosion de la rue Saint-Nicaise, 3 nivôse an IX. In-fol.

42 — Tableau de la Révolution terminé par celui de la Paix, Manuel et Mercier, Histoire du Palais-Royal, Malakoff, Magenta, etc. 40 p.

43 — Anciennes et modernes de la galerie de Versailles, etc. 20 p.

44 **Raphaël** (D'ap.). 5 livraisons des Peintres de Ch. Blanc. — Gravures anciennes 5. — 6 bois. — Stucs 12. En tout 28 p.

45 — Cariatides. 10 p.

46 **Rembrandt** (D'ap.). 3 livraisons. Histoire des Peintres de Ch. Blanc et Sujets divers, par Marvy et autres. 19 p.

47 — Le Persan, avant et avec la lettre, le Père de Rembrandt, etc. 10 p.

48 — Têtes. Manière noire anglaise. 10 p. Très-belle.

49 **Sceaux** et Monnaies. 24 p.

50 **Sujets bibliques**, 22. — Lettres ornées, Fleurons et Sujets tirés de l'Histoire des Juifs, 70. — Martyrs, 18. En tout 110 p.

51 **Sujets religieux**. Très-grands in-fol. Sainte Geneviève de Balechou, Costumes, Canards, etc. 12 p.

52 — Miniatures et entourages ornés de manuscrit sur vélin et broderie sur soie. 16 p.

53 — Anciens et modernes, Chromo et coloriés, Vignettes, etc. Environ 200 p. 2 lots.

54 **Titres** de livres anciens et modernes. sur cuivre et sur bois, d'Abraham Bosse, L. Gaultier, C. de Pas et d'ap. Marillier, etc. 100 p.

55 **Van der Meulen** (D'ap.). Marche du roi sur le Pont-Neuf, en trois feuilles, toute marge, non jointes.

56 — Batailles et Peste de Marseille. 8 p. Très-gr. in-fol.

57 **Wierix** (H.). Sujets religieux. 10 p. Superbes.

58 **Histoire ancienne**, Sujets coupés de livres. 100 p.

59 **Camées**, Statues, Tapisserie de Bayeux, paysages, Songe de Poliphile, etc. Plus de 110 p.

PORTRAITS

60 **Alix**. Bailly, Descartes, Helvétius. 3 p. ovales
en couleur, Petit in-fol.

61 **Beauvarlet**. Molière, d'ap. *Bourdon*. In-fol.
Très-belle ép.

62 — M™ª la comtesse **Du Barry**. Petit in-fol.,
d'ap. Drouais. Très-belle ép. Marge du cuivre.

63 **Cardon**, M™ª Récamier. Grand in-4, d'ap. *Cos-
way*. En couleur. Très-belle ép. Grande marge.

64 **Carmontelle** (D'ap. de). Franklin en pied
assis.

65 **Cars**. Mère Françoise - Magdeleine de Chaugy,
supérieure de la Visitation. In-4. Très-belle ép.
Rare.

66 **Ceroni**. J.-B. Colbert, avant la lettre, sur
chine. Tirage in-fol.

67 **Chereau** (Fr.) A. Hercule de Fleury, cardinal.
In-fol. D'apr. Rigaud. Très-belle ép. Marge.

68 — Marquise de **Sévigné**. In-12. Très-belle ép.

69 **Chevillet**. Lenoir, lieut. de police. Petit in-
fol., d'ap. *Greuze*. Très-belle.

70 **Cochin** (D'ap.). M™ª Favart, par *Flipart*. In-8
avant la ligne du haut. *Frontispice du tome V.*

71 — Jacquier. — Tubières, comte de Caylus.
2 p. in-4.

72 **Coutellier**. Carlin Bertinazzi.

73 — M¹¹ª Colombe l'aînée.

74 — M™ª Du Gazon.

75 — M™ª Julien.

76 — Michu. 4

Ces 5 portraits sont ovales in-4 en couleur, montés sur des passe-partout bleus avec filets d'or.

77 **Daullé**. Louis - Philippe d'Orléans, duc de 4
Chartres. — Le Dauphin de France enfant.
2 p. in-fol., d'ap. S. Belle.

78 **De Marcenay**. D'Argenson. In-8, avant la 2 50
lettre.

79 — Bayard. In-8. Toute marge. 1

80 — Charles V. — Charles VII. 2 p. in-8. Toute 2
marge. . . . . 6 . 50

81 — La Pucelle d'Orléans. In-8. Toute marge. 3

82 — L'Hôpital. In-8. 1   Vig

83 — Eugène de Savoie. In-8. Toute marge. . . . . . 1 . 50 Vig

84 — Maréchal de Saxe. In-8, toute marge. 1

85 — Max. de Béthune, Sully. In-8. 1

86 — Le président de Thou. In-8. Toute marge. 1   Vig

87 — Turenne. In-8. Toute marge. . . . . 2 . 50

88 — Charles V — VII. — Rembrandt. — Tintoret. 1
Le Vieillard à la toque avec le paysage au bas.
6 p.

89 **Desnoyers**. Humbold en 1805, d'ap. un cro- 1   Vig
quis de *Gérard*. In-4. Toute marge. Très-belle
épreuve.

90 **Desrais** (D'ap.). Mlle CONTAT. Dans l'ornement, 8.0   Vig
le médaillon de Beaumarchais, et en bas la
scène du *Mariage de Figaro*. In-8. Superbe.

91 — Mlle OLIVIER, de la Comédie-Française. In-8 50   Vig
par *Le Beau*.

92 **Dien**. Le Dante. Profil et de face. 2 p. Marge. In-4.

93 **Drevet** (P.). Adrienne Le Couvreur, d'après *Coypel*. Rare ép. avant *e* au mot model. — La même avec modèle. 2 p. Iu-fol.

94 — Boileau, d'ap. de Troy. — Félibien. — Louis d'Orléans. 4 p. In-4.

95 **Dyck** (D'ap.). Son portrait, Rubens, P. Pontius, Mirabelle, Rockox. 5 p.

96 **Edelinck**. Bossuet — Louis XIV sur un char — Par Gloria — Autre — Mellan — Mignard, etc., 8 p.

97 **Ficquet**. Corneille, d'après *Le Brun*, iu-8. Superbe.

98 — Eisen (Charles), d'ap. *Vispré*, in-8. Très-belle.

99 — Fénelou, d'ap. *Vivien*, in-8. Belle ép.

100 — La Mothe, Le Vayer, d'ap. *Nanteuil*, in-8. Belle.

101 — **M*me* de Maintenon**, d'ap. *Mignard*, in-8. Grande marge très-belle.

102 — Molière, d'ap. *Coypel*. in-8, belle ép.

103 — Montaigne, d'ap. *Dumonstier*, in-8, très-belle.

104 — Regnard, d'ap. *Rigaud*, in-8. Belle.

105 — J.-J. Rousseau, d'ap. *de la Tour*, in-8. Belle.

106 — Saugrain, libraire — Descartes, 2 p. in-8.

107 — J.-J. Vadé, d'ap. *Richard*, in 8. Belle.

108 — Voltaire, d'ap. *de la Tour*, in-8. Belle ép.

109 — Corneille — Crébillon — La Fontaine — Montaigne — J.-B. Rousseau — Regnard — 6 p. Toute marge.

110 **Flipart**. Mme *Favart*, in-8, d'ap. *Cochin*. Très-belle ép.

111 **Gaucher**. Fénelon — Kotsebue 2 avant la lettre — La Fontaine — Racine et autres, 6 p.

112 **Gaultier** (L.) 1625. Antoene de Lestang prezidant av Parlemant de Tovlovze, in-8. Superbe.

113 **Henriquez**. D'Alembert — Diderot — Louis XVI, d'ap. Boze, 3 p. in-fol.

114 **Hillemacher**. La Grazia, La Rosa, Edm. Moore. 15 épreuves et autres, 20 p.

115 **Hopwood**. Suite de 12 livraisons, littérateurs, Collection Lami-Denozan. 50 portraits dans un portefeuille.

116 **Jacquemart**. Alex. Dumas fils, eau-forte. Superbe.

117 **Janinet**. *Mademoiselle du T...* Ovale, petit in-fol. en couleur, d'ap. *Le Moine*. Très-belle ép.

118 **Klauber**. Duc d'Orléans — Necker — Mirabeau — Maury — Lafayette. 5 p. très-grand in-8.

119 **Le Bas**, 1754. Ninette. (C'est Mme *Favart* dans ce rôle), in-8, avec *Frontispice du tome III*. Très-belle ép.

120 **Le Mire**. Jeanne d'Arc, in-12, avec toute la marge, grandeur du volume.

121 — La Fontaine, médaillon entouré de figures allégoriques, d'ap. *Moreau*, in-8, très-belle ép.

122 **Leu** (Th. de). Alienor d'Autriche, reine de France — Loise de Lorraine, reine de France. 2 p. in-8.

123 **Le Vachez.** Portraits tirés des tableaux de
la Révolution, avec texte au bas, in-fol., 33 p.

124 **Lingée.** Mlle ***Raucourt***, d'ap. *Freudeberg* et
Moreau. Petit in-fol., avec scène de Mitridate au
bas. Très-belle ép. marge.

125 **Marks.** Portrait de Watteau, copie d'après
Lepicié, planche de cuivre.

126 **Mellan.** Anne Hucœa, de Labrosse — La Mothe,
Le Vayer — Abbé de Marolles, 3 p. in-4.

127 **Miger.** Hubert Robert, peintre. Petit in-fol.
d'ap. *Isabey*. Très-belle ép. marge.

128 **Moyreau**, 1729. Petrus Émery, imprimeur-
libraire parisien, in-fol., toute marge.

129 **Nanteuil.** Anne d'Autriche (R. D. 22). Très-
belle ép., très-grande marge.

130 — Claude Auvry, évêque (26) 1er état.

131 — H. Courtin (80) 1er état.

132 — Alex. de Sève, conseiller (82).

133 — Bazile Fouquet, abbé de Barbeaux (97
1er état.

134 — P. Gassendi (101) 2e des 4 états.

135 — Jeannin (112).

136 — Michel Le Masle (126) 1er état.

137 — Michel Le Tellier (128).

138 — Louis XIV (152) 1er état.

139 — F. Mallier, évêque de Troyes (167).

140 — Cardinal Mazarin (177).

141 — Potier de Novion (207).

142 — Servien (225) 1er état.

143 — Cl. Thevenin (230).

144 — Turenne (232) 2ᵉ des 4 états — Le duc de
Bouillon (49) 2 p.

145 — Fronto — Marolles — Mazarin, 3 p.

146 **Nattier** (d'ap.). Madame de *** en Flore.
In-fol. par *Voyez la jeune.*

147 **Odieuvre** (Collection d'). Rois d'Angleterre, de
France et autres célébrités étrangères, 275 p.
adresse effacée, 2 lots.

148 **Picart.** Louis XIII — XIV — Charles 1ᵉʳ —
Jacques — Cromwel — Comtes de Nassau —
Roger de Piles, 10 p. petit in-fol.

149 **Preisler** (J.-M.). Le cardinal de Bullion en
pied, tenant le marteau pour ouvrir la porte
d'or, le Pape étant malade. Petit in-fol., d'ap.
Rigaud. Belle ép., toute marge.

150 **Regnesson.** La duchesse de Longueville, d'ap.
Chauveau. Grand in-8, sans marge.

151 **Roehn.** Galerie des pairs de France, lith. sur
Chine, 19 p.

152 **Roullet.** Jean Delpech, d'ap. *Largillière.* Petit
in-fol. Très-belle.

153 **Ruhiere.** Le docteur Gall. Manière noire, in-
fol. Plus de 50 épreuves, dont 3 avant la lettre,
tachées d'eau.

154 **Saint-Aubin.** Le Kain, d'ap. *Le Noir,* in-fol.

155 — Cochin, secrétaire de l'Académie, in-4.
Superbe.

156 — Diderot, d'ap. *Greuze,* in-4. Superbe.

157 — Dorat, d'ap. *Denon,* in-8. Superbe.

158 — Linguet — Maleteste — Monet, 3 p. Très-
belles.

159 — François-René Molé, acteur des Français, in-4, d'ap. *Aubry*. Très-belle ép. marge.

160 — Moreau le jeune, in-8, d'ap. *Cochin*, marge tachée d'eau.

161 — Ninon — Lavalière — Henri IV — Condé — Perronet, grand in-fol., 10 p.

162 **Savart**. Bayle — Bernis — Buffon, 3 p., in-8.

163 — La Bruyère, d'ap. *de Saint Jean*, in-8. Très-belles.

164 — Christian VII — Racine — Richelieu, 3 p., in-8.

165 — Boileau, 2 différents — Leibnitz, sans marge. 3 p.

166 — Rabelais, d'ap. *Sarrabat*, in-8, toute marge.

167 — D'Alembert — Bayle — Boileau, 2 — Buffon — La Bruyère — Montesquieu — Racine — 8 p. in-8, toute marge.

168 **Schmidt**. De la Tour, peintre, d'ap. lui-même. in-fol., marge.

169 **Surugue** (L.) 1746. Madame de *** en habit de bal (Mouchy), in-fol., d'ap. *Ch. Coypel*, belle ép.

170 **Tanjé**, 1739. François Rabelais, in-4. Superbe ép. marge.

171 **Tardieu** (J.). Marie (Leczinska) princesse de Pologne, reine de France, in-fol. d'ap. *Nattier*. Belle ép. marge.

172 **Triere**, 1782. Gabriel-François Coyer, des académies de Nancy, Rome et de Londres. Charmant portrait, petit in-8. Superbe ép. marge.

173 **Trouvain.** Madame la duchesse de Chartres en pied, petit in-fol. Très-belle ép.

174 — Denise Camusat, femme Pierre Le Petit, in-4. Très-belle ép. marge.

175 **Vangelisty**. Collection de portraits in-4. 50 p., plusieurs rognés et quelques doubles.

176 **Vermeulen**. Antoine de Courtin, in-4. Superbe.

177 — Balth. Phelypeau de Châteauneuf, d'après Mignard, in-8. Superbe.

178 **Watelet** (C.-H.), 1754. De Villeneuve, comte de Vence, in-4, d'ap. *Cochin*. Superbe.

179 **Wierix** (H.). L'Hopital, chancellier, avec entourage orné, petit in-fol. Très-belle ép. marge.

180 **Wille**. Cardinal de Tencin, archevêque de Lyon, in-4. Très-belle ép. marge.

181 ***Henri IV*** et famille, par *Th. de Leu*; *Léonard Gaultier* et autres anciens et modernes. 120 p.

182 ***Marie-Antoinette,*** Louis XVI, famille et sujets, 25 p.

183 **Antiques**. Grecs et Romains, plus de 100 p.

184 **Artistes**, Peintres, Architectes, etc. Environ 110 p., 2 lots.

185 **Acteurs**, Actrices, Musiciens, Costumes, gravés et lithog. Plus de 220, 3 lots.

186 **Clergé**. Papes, Cardinaux, Saints, etc. 110 p.

187 **Criminels**. Ravaillac, Fieschi, Lafarge, etc.
22 p.

188 **Écrivains**, Littérateurs, Savants, par Gaucher,
Ingouf et autres anciens et modernes, classiques.
etc., 200 p., 2 lots.

189 — Libraires et Imprimeurs anciens et modernes,
25 p.

190 **Femmes** célèbres, anciennes et modernes,
150 p.

191 **Généraux**, Militaires, Guerriers anciens et
modernes, plus de 80 p.

192 **Médecins**, Chirurgiens, Botanistes, etc., 50,
et le Cahier de Gall. Hist. des penchants et sen-
timents de l'homme. 20 port. au trait. En tout,
70 p. des doubles.

193 **Musiciens**. Garat, Gluck, Mehul, Viotti, lithog. in-fol., avec texte, 4 p. Galerie des Musiciens.

194 **Rois** de France anciens et modernes, 100 p.

195 Réunion de Portraits et pièces sur la Révolution,
100 p.

196 **Portraits**. Louis-Philippe Ier en pied, par
Lignon, Boulay de la Meurthe, Desèze, 3 p.
Très-grand in-fol.

197 — Colbert par Audran, Rigaud par Drevet, duc
d'Antin par Tardieu, 3 p. in-fol. toute marge.

198 — Réunion d'Artistes. Cheverus, archevêque de
Bordeaux, en pied. Louis-Philippe, par Lignon,
3 p.

199 — Louis XVI, soutenu par la sagesse, découvre   17
la vérité. In-fol., ayant toute lettre en couleur,
rare.

200 — par Audran, Cars, Chereau, Drevet, Masson   5
Will et autres. In-fol., 20 p. 2 lots.

201 — Galerie Bonaparte. 45 portraits et sujets   2
photog. dans un portefeuille, avec fers à froid
et dorés sur les plats.

202 — Napoléon et Famille. 32 p. divers formats.   5

203 — Iconographie instructive. 55 p., demi-rel.   4

204 ✕ Tirés de l'Artiste. 54 p., des doubles.   12

205 ✕ Célébrités diverses, ayant la lettre et chine.   39
20 p.

206 — Ducs de Frise et Comtes de Hollande.   2
70 p.

207 — par Hubert, Larmessin, Moncornet. Environ   11
50 p.

208 — Généraux de l'Empire, Vendéens, et autres.   6 . 50
gravés et sur bois, en pied, etc. 100 p.

209 — Diverses célébrités. In-fol. Gravés et lithog.   1 . 50
40 p.   8 . 50

210 — Célébrités diverses, anciens et modernes,
gravés et lithographiés. 780 p. 6 lots.

211 — Lithographiés, Contemporains et autres.   4 . 50
60 p. 2 lots.   1 . 50

212 — Collection Delpech in-8 et autres. 340 p.   5
2 lots, des doubles.   10 - 50

213 — Littérateurs; Écrivains 50 et divers 60. En   4 . 50
tout 110 p.

214 — Assemblée nationale 1848. 42 p., des doubles.   6 . 50

1 5 **215 Collection** de Portraits, Costumes et Scènes
avec notes manuscrites et bois coupés de journaux, Acteurs et Scènes de théâtre, Provinces :
Bretagne, Gascogne, Normandie, etc. Étranger :
Afrique, Amérique, Angleterre, Égypte, Espagne, etc. Réunion considérable en 3 petits
portefeuilles. Grand in-8.

2 9 216 **Portraits.** Réunion de personnages gravés et
lithog., Costumes et Bois tirés de journaux, de
A à Z. Plus de 1,500 p. in-8.

3 217 — Papes, Saints, Antiques, Empereurs romains.
Plus de 190 dans un portefeuille.

3 218 — Clergé, Musiciens, etc. Plus de 200 dans un
portefeuille.

5 219 — Artistes, Peintres, Sculpteurs, Architectes.
Plus de 380 dans 2 portefeuilles.

3 . 5o 220 — Réunion de Peintres artistes, Acteurs et
autres, Caricatures, Pièces historiques, tirés de
journaux. Un fort lot dans un portefeuille.

1 221 — Le Père Enfantin et autres Saints-Simoniens,
3 différents. 148 p. in-8.

CARICATURES

ANGLAISES ET FRANÇAISES

2 9 222 **Caricature anglaise.** French Liberty. Très-
grand in-fol., très-curieuse et très-rare, pliée.

223 — Comicalities. Cartes figurées 12. — Verres,
Bouteilles et Tonneaux figurés 10. — Instru-
ments de musique figurés 4. En tout 26 p. coloriées. Vol. demi-rel.

224 — Devils at Home (le diable à la maison),
2 livraisons de 6. Sujets. 14 Sujets à l'eau-forte,

225 **Cruikshank** (Georges). The Bottle 8. — The
Drunkard's Children 8. En tout 16 p.

226 — La belle Assemblée. — Monstrosités 1816 et
autres coloriées. 14 p.

227 **Landseer** (Th.). Mokéyana. 1 livraison.

228 **Rowlandson**, The Convocation. — The Con-
sultation. — Accommodation. — Directions to
Footman et autres. 14 p. coloriées.

229 — En typographie, the political Drama, 61 à 69,
avec quelques doubles. 12 p.

230 — D'ap. Woodward et autres. 40 p. coloriées,
2 lots.

231 — Outlines of the opposition collected from the
Designs of the most capital Jacobin artists 1794,
2 cahiers de 7 p. 14 p.

232 — A l'eau-forte en noir. 22 p., 2 lots, quelques
doubles.

233 **Caricatures** de la Révolution française,
Ramasse ton bonnet, Vanités des Vanités, le
Dentiste patriote, le Français d'autrefois; le
Temps présent, le Sort mérité, le Chasseur
patriote, etc. 18 p. coloriées.

2

234 — Une Visite des libérés à leurs frères libéraux, les trois Fumeurs, les Efforts patriotiques, En reviendra-t'elle, Il ne scait sur quel pied danser, le Jeune Patriote, et autres. 18 p. coloriées.

235 — Adoration des Patriotes à l'aspect d'un gros sous. — Le Conclusum de la Diète. — J'ai écarté les cœurs. — Le Propagandier. 4 p. rares, superbes.

236 — Duel à outrance. — La Trinité bourbonnaise. — Domine salvum fac regnum. — Le Degel de la nation, en bistre. 4 p. rares, superbes.

237 — Grand convoi funèbre de leurs majestés les Jacobins. — Le Vent de bise. — Les Habits retournés. — Pas d'argent pas de Suisse. — Le Miracle de la rue Montesquieu. — La Pension de jeunes demoiselles. 12 p.

238 — La Foire de Coblentz, les trois Routes, la Balance politique, les Formes acerbes, grandes Marionnettes politiques, l'Assemblée de famille, Passe-temps et Emulation nationale, les Fédérés, la Pluie d'orage, et autres. 15 p.

239 — Sur les Anglais, Camps des Anglais, Irlandais, Ecossais aux Champs-Élysées, 1815; les Parieurs anglais, Promenade des Alliés à Paris, et autres. 18 p.

240 — Le bon Genre. 93 p. gravées coloriées. Superbes. Toute marge.

241 **Daumier.** Actualités, Émotions parisiennes, et autres. 48 p.

242 — La Caricature, la Chasse, etc. 18 p. coloriées.

243 **Draner.** Paris assiégé, 17. — Souvenir du   4
Siégé de Paris, 14. — Les Soldats de la République, 21. En tout 52 p. coloriées.

244 — Types militaires. 23 lithograp., coloriées.   14
Superbes.

245 **G. de Cari** (Gaudissard dit). Musée grotesque,   14 0
1 à 45. 46 p. gravées, coloriées. Toute marge.

246 **Grandville.** Grande Course au Clocher acadé-   14
mique, 3. Métamorphoses du jour, et autres.
19 p.

247 **Pigal.** Scènes de société. 22 p. coloriées.   14

218 — Scènes populaires. 23 p. coloriées.   15

249 **Schwickert.** Les Mânes, par Alexandre.   3.50
14 eaux-fortes.

250 **Vernet** (Carle). Cris de Paris. 90 p. coloriées.   8 l

251 **Caricatures.** Albums de lithog. tirées du   6
Charivari, 3 cahiers de 20 p. 60 p.

252 — par Boilly, Decamps, H. Monnier, Travies.   37
43 p. en noir et en couleur.

253 — La Suite prochainement, Déménagement du   4.50
Charivari, le Journal des Débats, la Liberté,
Emile Crugy, Lavertujon, Venot, etc. 16 p. noir
et couleur.

254 — Politiques, par Maurisset, Plattel, Pruche,   5.50
Vernier et autres, Actualités, les Communistes,
Monomanes, Pochades, etc: 95 p.

255 — par Moynet, Platier et autres. 34 p. colo-   4.50
riées.

256 — Pasquinades, par H. Monnier, Decamps et   27
autres, 1 à 3. — 7 à 10. 7 p. coloriées.

257 — Revue comique, 1, 2, 4, livraisons, et 32 p.
diverses.

258 — Numéros du Charivari et autres. Environ
38 p. de Cham, Daumier et autres.

259 — Musée de la Caricature, Reproduction des
anciennes. 45 p. noir et couleur.

VUES ET PLANS

260 **Baltard**. 1805. Paris et ses Monuments. 42 pl.
et 32 texte avec planches imprimées avec. In-
fol. en feuille.

261 — Ecouen; 14 pl. et 9 texte. — Fontainebleau,
14 pl. et 5 texte. In-fol. en feuilles.

262 — Saint-Cloud, 9 pl. et 10 texte. In-fol. en
feuille.

263 **Deisel** (Matthias). Vues de France et Étranger
publiées à Augbourg. 100 p.

264 **Galard**. Album départemental, Bordeaux et
ses environs. 30 lithog. sur Chine.

265 **Galot** (Alphonse). Vues pittoresques d'Eure-et-
Loir. 16 p.

266 **Lithographies**. Vues de Lyon. 25 p. Album
couvert en toile.

267 — Vues de Besançon. 21 p. Petit in-fol.

268 — Vues de Dijon, Orléans et pays étrangers.
65 p.

269 **Martens**. Vues de Paris. 15 p.

270 **Moreau** (Adolphe). Souvenirs d'Angleterre. 2
7 p. lithog. par Laroche. Superbes.

271 **Perelle**. Vues de Paris, 13. — Vues de 11
France, 13. En tout 26 p.

272 **Pugin** (D'ap.). Vues de la Seine de Paris au 3.8
Havre. 26 p. coloriées.

273 **Silvestre** (Israël) et Marot. Vues de Paris. 15
10 p.

274 — et Perelle. Vues de Chilly, Fontainebleau, 2 1
Rueil. 24 p.

275 — de France et Italie. 17 p. 3.50

276 **Stroobant**. Guide pittoresque dans Bruxelles.
24 p. lithog. Grand in-8.

277 **Thienon** (D'ap.). Vues de Clisson. 30 p. in-4 1.50
par Piringer.

278 **Plans de Paris** de Jollain, Merian, etc. Vues 3.9
de L. Gaultier, etc., Environs de Paris, etc.,
Cartes. 25 p.

279 — de Versailles, Chartres, Lyon, Perpignan et 9.50
Valenciennes, manuscrit, etc. Plus de 70 p.

280 — de Crimée, Sicile, Etna, Italie du Dante sur 1.50
Chine. Plus de 60 p.

281 — des environs de Paris, Seine-et-Oise, Eure-et- 3
Loir en plusieurs feuilles, Sceaux, Versailles.
40 feuilles.

282 **Vues** de Paris, Eaux-fortes pures in-fol. 18 p. 102

283 — de Paris, France, Cathédrales, Londres et 4.50
autres. 15 p. in-fol.

284 — de Paris anciennes et autres. 30 p. 7.50

285 — de Paris, vignettes modernes. 60 p. 3

286 — de Province et étranger, modernes. 100 p. 2

287 — de Chartres, Vitraux, etc. 22 p. grand in-fol.
288 — de Bordeaux, Chartres, Lyon, Orléans, Reims, la Cathédrale de Strasbourg illuminée, Panorama de Tours. 19 p. très-grand in-fol.
289 — de Mereville. 9 p. gravées.
290 — de France, Eaux-fortes pures et avant la lettre. 56 p.
291 — de France et autres gravées. 100 p.
292 — et sujets divers, environ 85 p. differents formats.
293 — en couleur, Paris par Janinet, Angleterre, Suisse, etc. 30 p.
294 — Travaux executés à Cherbourg d'ap. Cochin. 10 p. dont un plan manuscrit.
295 — d'Optique, Paris, France, Etranger. 30 p. dont 25 coloriées.
296 — du Chemin de fer de l'Ouest et autres vues de France. 42 p. lithog.
297 — Petites vues de Suisse, coloriées imitant des aquarelles. 92 p.
298 — de Londres et Édimbourg. 18 p.
299 — de Londres sur papier porcelaine, 26 p.
300 — d'Angleterre et autres, la plupart vignettes anglaises. 50 p.
301 — d'Italie par Piranesi et autres. 20 p.
302 — d'Italie à vol d'oiseau et autres, lithog. 15 p.
303 — d'Italie, Piranesi et autres. 30 p.
304 — d'Italie, Pompei et autres. 51 p.
305 — d'Autriche, Moravie, lithog. avec ton. 67 p. publiées par Holzel à Olmutz.

306 — d'Autriche, Moravie, lithog. coloriées montées en dessin. 71 p.   *20*

307 — Églises, Palais, Places, Ponts, Portes, Colonues, Fontaines, Tombeaux, etc., environ 400 p. dans un porte-feuille.   *7.50*

308 — Réunion de Monuments et Vues gravées et bois tirés de journaux, Italie, Naples, Sicile, lot considerable.   *6.50*

309 — Réunion vues de Belgique, Bords du Rhin, Espagne, Egypte, Russie, gravées et bois modernes et épreuves d'artistes sur chine, un fort lot.   *4*

310 — Réunion de Monuments et Vues de Paris et de France, lithog. et bois tirés de journaux, un fort lot.   *5.50*

311 — Réunion par Pays, Algérie, Amérique, Angleterre, Russie, Turquie, Wurtemberg, etc., un fort lot.   *1*

312 — Réunion de Théâtres, Villas, Temples, Vases, Terres-cuites, Cartes, Tarots, etc. bois tirés de journaux, un fort lot dans un porte-feuille.   *6*

ÉCOLE DU XVIIIᵉ SIÈCLE

313 **Assignats** divers, et ex-libris modernes, un lot.   *2*

314 **Bertaux** (D'ap.) 1776. Le charlatan allemand, par Helman. Très-belle ép., marge.   *7*

315 **Boucher** (Par et d'ap.) et autres. 12 p.

316 **Choffard**, Composition d'après Le Barbier pour titre de la Carte du Cours de la Moselle. — Compositions d'Amours et d'Enfants pour la Carte chorographique des pays bas Autrichiens, d'ap. Cochin. 3 p. in-fol.

317 — Vue de la ville d'Orleans d'ap. Desfriches. Très-grand in-fol.

318 **Cochin** (D'ap.). Frontispices de l'Encyclopédie par Prevost, 1ᵉ planche 1772 — 2ᵉ planche 1776 avec la presse de l'imprimerie à gauche. 2. p.

319 **Coqueret**. IX Thermidor. Composition grand in-fol., d'ap. Lethiers. Le genie tutélaire armé extermine les vils oppresseurs de la France, Texte et vers de Malsherbes manuscrits, très-grand in-fol. en forme de frise, très-belle et très-rare, marge, a été pliée.

320 **Darcis**. Le départ — Le retour, d'ap. Isabey, 2 p. in-fol.

321 **Duplessis Bertaux**. Scènes de la Révolution, Batailles. 5 eaux fortes pures.

322 — Metiers de Paris et autres. 24 p.

323 **École française** XVIIIᵉ siècle. Sujets divers. 40 p.

324 — Les Canadiens par Ingouf. — Agar renvoyée, par Porporati. — Les Offres reciproques par Wille. 3 p. in-fol.

325 — Le Baiser rendu de Pater, le bain rustique, les adieux à la nourrice. Pièces d'après Boucher, etc. 10 p.

326 Entêtes de lettres, fleurons, attributs et tim-   7
bres de la République, sur cuivre et sur bois du
temps, plus de 300 p.

327 **Fragonard**. Les quatre bas-reliefs, de Satyres.   48
4 p. belles.

328 **Huet** (D'ap.). La nymphe Hesperie fuyant, en   14 50
couleur par Bonnet. Marge vierge, superbe.

329 **Jeaurat** (D'ap.). Le goûté par Balechou. In-fol.   5

330 **Lancret** (D'ap.). L'automne par *Tardieu*.   7

331 **Moreau** le jeune (D'ap.). Scènes de l'Illiade,   62
grand in-4, en travers, 3 p. Eaux-fortes pures
par *Giraud*. Très-rares, n'ayant jamais été ter-
minées. Catalogne Draibel (206).

332 — Combat d'Achille et d'Hector et pendant, 2   19
Eaux-fortes pures par Giraud — Vignette in-4,
pour Rousseau. 3 p.

333 **Ornements**. Elégant carosse d'apparat, La-   50
fosse, Lalonde, et autres anciens et modernes.
95 p.

334 **Oudry**. Les 4 sujets de chasse.   6 50

335 **Pitteri**. Dieu le père, Jésus-Christ, Saint Jo-   5
seph, la Vierge, les Evangélistes et les Apôtres.
20 p. in-8. d'ap. Piazzetta, petit vol. dos parch.

336 **Rigaud**. Attaques et Siéges de places. 6 p.   2 50

337 **Tardieu**. Essais de gravure, Chiffres, Diplôme,   1 50
autre par Masquelier. 10 p.

338 **Saint-Aubin** (D'ap.). L'heureux ménage.   3 0
L'heureuse mère. 2 p. en couleur par Sergent.

339 — Mes gens ou les Commissionnaires ultra-   13
montains, cahier de 7 p. par Tilliard, toute
marge.   12

340 — Les jeux des petits polissons de Paris. 6 p.,
toute marge.

341 **Saint-Non.** La petite Charrière en couche,
jolie pièce in-4. toute marge, superbe.

342 **Watteau** (D'ap.). Rendez-vous de chasse, in-fol.

343 — Sujets divers, 7 et 11 bois. 18 p.

344 **Wille.** La devideuse — La liseuse. 2 p. d'ap.
G. Dow. Marge.

345 **Volume** contenant des eaux-fortes de Fragonard, Marvy et autres. 44 p. demi-rel. avec
fermoir.

—

VIGNETTES

346 **Vignettes anglaises.** Sujets et Vues. 30 p.

347 **Cochin** (D'ap.). Vignettes diverses, plusieurs
avant la lettre. 42 p.

348 **Deveria** (D'ap.). Vignettes pour les liaisons
dangereuses, 7 p. avant la lettre. — Béranger.
— Mille et un jours. — J.-J. Rousseau et autres.
39 p.

349 — Vignettes pour la Satyre Ménippée. 6 p. sur
Chine, par Johannot et Adam, toute marge,
très-belle.

350 **Duplessis Bertaux.** Contes de La Fontaine,
Cazin. 95 p.

351 **Eisen** (D'ap.). Contes de La Fontaine et autres.
25 vignettes.

352 **Gravelot** (D'ap.). Vignettes pour Boccace et
autres, plusieurs avant la lettre. 20 p.

353 **Helman**. Abrégé de la Vie de Confucius, 24
planches et 24 feuilles de texte gravé, in-4.

354 **Johannot** (D'ap.). Vignettes pour Werther, 3,
— pour Walter Scott, 24 avant la lettre et autres
avec la lettre. En tout 35 p.

355 **Marillier** (D'ap.). Fleurons, marges entières,
5. — Œuvres de Gessner et autres. En tout 40 p.,
plusieurs avant la lettre.

356 **Moreau** le Jeune (D'ap.). Vignettes pour les
évangiles. 106 p.

357 — Vignettes pour La Fontaine, avant la lettre.
20 p.

358 — Pour Laborde, Rousseau, Voltaire, 34 p.

359 — Pour la Pucelle de Voltaire. 25 p. grand
in-8.

360 **Béranger**. Vignettes in-12 pour ses œuvres
par les premiers artistes. Superbes ép. avant la
lettre sur blanc. 48 p.

361 **Chateaubriand**. Réunion de Vignettes pour
ses œuvres. 49 p. des doubles.

362 **Gay**. Fables. 50 p. anglaises.

363 **Lamartine**. Vignettes pour ses œuvres. 30 p.

364 **Le Sage**. Vignettes pour Gil Blas. 14 p. pour
l'édition Bertin par Bovinet (complet), — 5 pour
l'édition Lefèvre. En tout 19 p.

365 **Louvet**. Vignettes in-12 pour Faublas. 9 p.

366 **Molière**. Vignettes in-12, d'ap. Desenne, avant
la lettre, sur Chine. Tirage grand in-8. 20 p.

367 — D'ap. H. Vernet. In-8, avant la lettre, sur
blanc, grand papier, avec le portrait par Lignon
et les Fourberies de Scapin par Sisco, d'ap. Julien Potier. 19 p. pour Molière.

368 **Prevost** (l'abbé). Manon Lescaut. In-8, eaux-
fortes par Flameng. 11 p.

369 **Racine** (D'ap. J.). Vignettes pour ses œuvres.
13 p., complet.

370 **Raynal**. Vignettes d'ap. Moreau pour l'Histoire
Philosophique. 10 p.

371 **Voltaire**. Vignettes pour la Pucelle. In-4, avec
la bordure, le portrait par Gaucher. 13 p. et 5
doubles, 20 p., grand papier.

372 **Walter-Scott**. Vignettes pour la traduction
de Defauconpret. 39 p. — 20 portraits pour
l'édition Armand Aubré. En tout 59 p.

373 **Vignettes** avant la lettre et sur Chine. 30 p.

374 — D'ap. Binet, Borel, Boucher et autres. 30 p.

375 — D'ap. Monnet et autres. 45 p.

376 — D'ap. Corboul, pour Paul et Virginie, 7. —
Pour Ducis, d'ap. Desenne, 16. — Fables de La
Fontaine, 6. En tout 29 p.

377 — Diverses anciennes. 160 p.

378 — Diverses modernes. *Ex Libris*, Traits de
Landon, Fables de Lachambaudie, œuvres de
l'Hopital, Histoire Naturelle, Eug. Sue, Paradis
perdu de Giacomelli. 300 p., 2 lots.

379 — Sur la Révolution, anciennes, d'ap. Duplessis Bertaux, Johannot, Raffet, Scheffer, etc.
130 p.

380 — D'ap. Moreau et autres, eaux-fortes pures.
8 p.
381 — Pour Atala et autres, avant la lettre, sur
Chine, très-grand papier. 22 p. des doubles.
382 **Vignettes sur bois.** Histoire des ducs de
Bourgogne. 88 p. sur Chine.
383 — Pour Sterne et autres. 35 p.
384 Catalogue illustré de la Collection des dessins
et croquis de Grandville de la vente faite après
son décès.

COSTUMES, MODES

385 **Costumes** militaires. Armée des Souverains
alliés en 1815. 18 p. coloriées.
386 **Boilly** (Jules). Costumes italiens. 48 p. coloriées. Vol. demi-rel., dos vert.
387 **Denon.** Habit du Citoyen français, Représen-
tant du peuple et autres. 6 p. eaux fortes coloriées.
388 **Gatine.** Costumes de femmes du pays de Caux.
11 p. coloriées, avec texte explicatif.
389 **Gillberg.** Costume de femme et d'homme
(4, 5). 2 charmantes Sanguine superbes.
390 **Grasset Saint-Sauveur** (D'ap.) et Desrais.
Costumes de tous les pays: 102 p. coloriées.
391 **Le Clerc** (D'ap.). Costumes de femmes, Tail-
leur costumier essayant un cor à la mode.
8 p.

392 **Lecomte** (H.). Costumes de théâtre coloriés.
11 p.

393 **Martin** (D'ap.). Paysan galant. — Neptune.
Costumes d'opéra. 2 p.

394 **White**. Costumes espagnols. Lithog. coloriées.
19 p.

395 **Costumes** français de 1200 à 1715, d'ap.
H. Lecomte. 100 p. lithog. in-18 coloriées.

396 — Français, anglais, autrichiens, gravés, coloriés. 29 p.

397 — Français, coloriés et noir. 53 p., dont 1 Bon-
nart, avec étoffe brochée d'or et d'argent.

398 — De Marchands hollandais. 10 p. coloriées.

399 — D'Italie, Suisse et divers pays. 50 p.

400 — Du Japon. Lithog. japonaises coloriées.
20 p.

401 — De tous les pays. Bois modernes coupés de
journaux. Un fort lot.

402 **Modes** de 1811 à 1815. 38, dont 27 décou-
pées. — Le Centaure, Moniteur de la Mode, ép.
tirées in-fol. En tout 60 p.

403 **Coiffures** à l'Espoir, à la Nation et autres. 4.
— Les Chapeaux à la Malborourg. 4 coiffures
coloriées. En tout 5 p.

ESTAMPES MODERNES

404 **Animaux**. Oiseaux, Chiens et autres, noir et
couleur. 55 p.

405 **Antiquités**. Egyptiennes coloriées, plus de 4
100 p.

406 **Architecture** et Vues gravées et lithog. 35 p. 3

407 **L'Artiste** et autres. 125 p. 2 lots. 22

408 **Volume** de pièces tirées de l'Artiste par Dau- 6
bigny, Decamps et autres. 27 p. Couvert en toile.

409 **Aubry le Comte**. Le fleuve Scamandre — 3
Toilette de Vénus. 2 lithog. grand in-fol., toute
marge.

410 **Bellangé**. Costumes militaires coloriés. 7 p. 18.50

411 — Sujets tirés de divers albums. 25 p. 2.50

412 **Bois anglais**. Sujets coloriés et noirs, in-fol. 5.50
13 p.

413 **Bois** modernes. Sujets de la guerre d'Orient, 6
Sport, Chasses, Courses, compositions d'après
les grands maîtres, lot considerable dans un
carton-boite.

414 **Champin** (D'ap.). Excursion à la Grande Char- 11
treuse. 36 p. lithog. coloriées, album demi-rel.

415 **Charlet**. Costumes militaires coloriés. 2 p. 7
dont une non cataloguée, et autres pièces de
divers albums. 47 p.

416 **Chromo** et lithog. coloriées, Vitraux etc. 78 p. 3

417 **Collette**, Le Socialisme ou nouvelle danse des 6
morts, d'ap. Rethel. 6 p.

418 **Conguy**. Jeune mère française — et napoli- 1.50
taine. 2 p.

419 **Decamps**. Eaux fortes et lithog. par et d'ap. 7
35 p. et 20 bois, en tout 55 p.

420 **Delacroix**. Eaux fortes, lithog. et bois, 12 p. 5
par et d'après.

E. MODERNES

421 **Deveria** (d'ap.). Garde à vous — Ne regardez pas. 2 manière noire par Sixdenier. In-4., marge.

422 **Doré** (Gustave). Fables de La Fontaine et autres sujets sur bois, environ 40 p.

423 **Dubuffe** (D'ap.). La Surprise, très-belle ép. avant la lettre, toute marge.

424 **Dunouy**. Paysage à l'eau forte. 33 p. avec son portrait par lui-même.

425 **Eaux-fortes** de Calame, Foulquier, L. Jacques, Marvy et autres. 50 p.

426 — de divers maîtres, tirées de l'artiste et autres. 114 p. 2 lots.

427 **École moderne**. L'Anier turc de Decamps — les Moissonneurs dans les marais Pontins de Mercuri — Fête de village, avant la lettre et autres 5 p. sur chine.

428 — LE'spérance d'ap. Raphaël, avant toute lettre — Atala — Paysage par Nyon, et manières noires. 6 p.

429 — D'ap. Zurbaran et Murillo, la Dame à l'éventail, avant la lettre, Sainte Famille. 3. p.

430 **Études**. Têtes d'ap. Prudhon, Raphaël et autres. Paysages. 36 p.

431 **Flandrin** (D'ap.). Entrée de Jésus à Jérusalem. Très-grand in-fol. par Soumy et Poncet, magnifique ép. sur chine, toute marge.

432 **Gavarni**. Lithog. diverses de l'Artiste et autres suites. Modes et sujets sur bois. 65 p.

433 **Goncourt** (Edmond et Jules de). L'art du XVIII°
siècle, Débucourt avec 2 eaux-fortes — Chardin
avec 4 eaux-fortes — Fragonard avec 4 eaux-
fortes — Greuze avec 4 eaux-fortes — La Tour
avec 4 eaux-fortes — Prudhon avec 4 eaux-fortes
— Les Saint-Aubin avec 4 portraits inédits —
Watteau avec 4 eaux-fortes — Les Vignettistes
Gravelot-Cochin avec 2 eaux-fortes — Notules,
additions, errata avec 4 eaux-fortes. 10 cahiers,
suite complète, très-rare aujourd'hui. Superbes.

434 **Grenier**. Album 1830. 12 p. lithog.

435 Histoire des Peintres de Ch. Blanc, environ 16
livraisons.

436 **Jacques** (Charles). Sujets et paysages à l'eau-
forte et pointe sèche. 15 p.

437 **Lami** (Eugène). Voitures françaises. 12 p. lithog.

438 **Le Pic**. Chien griffon à l'eau-forte, très-grand
in-fol. 2 ép.

439 **Lignon**. Vierge au poisson d'ap. Raphaël, avant
la lettre, marge, mouillée — Mort de Roland
d'ap. Michalon par Lemaitre. 2 p.

440 **Lithographies**. Bellangé 13 — Charlet 14 —
Villeneuve 1 — C. Vernet 1 — H. Vernet 22 ; en
tout 51 p. vol. demi-rel.

441 — Bellangé 4 — Charlet 34 — Grenier 7 —
Vernet 3 et autres ; en tout 50 p. album dos
rouge.

442 — Gavarni 15 — Raffet, Bellangé et autres 45 p.
vol. demi-rel. dos et coins maroq. Tranche
dorée.

443 — Chasses anciennes d'Aubry et autres lithog. 42 p.

444 Le livre d'or des contemporains, contenant des croquis de Decamps, Delacroix, Delaroche, H. Vernet, etc. 12 p.

445 **Lithographies**. Le Pater illustré, imprimé en or et en couleur. 13 p.

446 — Les travaux du vin de Champagne, scènes d'enfants d'ap. Gosse. Cahier de 12 sujets.

447 — Race bovine, animaux primés aux concours. In-fol. noir et couleur 42 p.

448 — Race chevaline, Chevaux de course et admis à l'exposition, Arabes, Russes, etc. 30 p.

449 — Le Centaure, chiens, animaux divers, etc. 28 p.

450 — Bas-relief du Trésor à Dieppe. 58 ép.

451 — Portrait de Merilhou 92 — Scène de Guido Reni 6 ; en tout 118 p.

452 **Loredan Larchey**. Dictionnaire de l'Argot Parisien, 6e édition, illustré, demi-rel., dos toile orange.

453 **Mallet**. Costumes de la garde royale, lithog. in-fol. 5 infanterie en noir, 7 cavalerie colorié ; en tout 12 p.

454 **Meryon** (C.) 1852. Titre sur pierre brisée — Le Stryge — La tour de l'Horloge — Tourelle rue de la Tixerandrie — Saint Etienne-du-Mont — Le Petit-Pont — La galerie N.-D. — La pompe Notre-Dame — L'Abside — Le Pont-Neuf — L'arche du pont Notre-Dame — La Morgue, 11 vues à l'eau-forte et le titre. 12 p.

455 **Monnier** (Henri). L'Espionne, Costumes de la
pièce. 6 p. in-8, coloriées.
456 — Impressions de voyages. 6 p. coloriées.
457 — Récréations. 6 p. à la plume, coloriées.
458 — Habitaus. 6 p. lith. superbes.
459 — Mobilier d'antichambre et suite. 7 p.
460 — Les contrastes, Les gens sans façon et autres.
14 p. gravées et lithog.
461 **Moynet**. Le Mérite des Femmes de Legouvé.
12 p. lithog. coloriées.
462 **Opiz** (G.). La Source neuve, restaurée en 1812,
Aspect du public d'une ville d'eau. Grand in-fol.
en couleur.
463 **Orléans** (Duc Ferdinand d'). Le Comte de
Guliver et autres lithog. in-fol. Rares. 6 p.
464 **Petit** (Victor). Architecture pittoresque. 36 p.
465 **Photographies**. Vues des Monuments de
Paris et autres. 50 p.
466 — Portraits, Ornements, Sujets, Stations de la
Passion. 50 p.
467 — Vues de Venise, Italie, etc. 58 p.
468 — Vues des Monuments de Rome, Italie, etc.
50 p.
469 — Album de 20 Vues d'Italie.
470 **Pompei**. Plafonds richement décorés de
figures, 2 p. in-fol. coloriées imitation d'aquarelles, superbes, et autres détails. 8 p.
471 **Prevost**. Corine au Cap Misène, d'ap. Gerard.
Grand in-fol. Toute marge, très-belle.
472 **Prudhon**. L'Enlèvement d'Europe. Eau-forte
originale avant la lettre, superbe.

473 — Une Famille malheureuse. Lithog. originale.

474 — Adresse illustrée de Merlen, graveur. Très-belle.

475 — Adresse illustrée de la veuve Merlen. Très-belle.

476 — Vignettes pour J.-J. Rousseau. 6 p. Superbes, toute marge.

477 — La Grotte, par Roger, avec la tablette.

478 — Aminta avant le nom. — Phrosine et Melidor, in-8 avec les vers. 2 p.

479 — Aminta. — Abrocome et Anzia et autres Vignettes. 7 p.

480 — La Cigale. — Le Bain. — Choisir l'Objet. — L'Enflammer. 4 p. in-4 avant la lettre.

481 — Sujets gravés et lithog. par Aubry Lecomte, Boilly et autres, 27 et 20 bois. 47 p.

482 **Raffet.** La grande Revue et autres compositions tirées d'albums, 78 lithog. et 5 bois. 83 p.

483 **Revue Française,** ou Encyclopédie moderne. Planches environ 140, in-8, dans un porte-feuille.

484 **Signol** (D'ap.). Jésus chez les docteurs par Bridoux. — Saint Louis de Gonzague visitant les pestiférés, d'ap. Bezard, par Martinet. 2 p. d'ap. les tableaux à l'église Saint-Eustache. Grand in-fol. sur Chine. Superbes, toute marge.

485 **Swebach**. Chevaux et Voitures, gravés, 18. —   8
Souvenirs de la Russie, 12 petites lithog. —
Voitures russes, 6 lithog. — Voitures russes
lithog. par V. Adam, 6 p. coloriées. En tout
42 p.

486 **Vernet** (Par. et. d'ap. Carle et Horace). Sujets de   6
chevaux. 24 p.

487 — La Drogue, Chiens, Cahier croquis 1818, et   2
bois. En tout 58 p.

488 Journal des Femmes, lithog. de Deveria et autres,   4
Modes, Costumes, Vignettes, etc. Environ 80 p.

489 Nouvelles Cartes à jouer de la composition de   3 50
M. Houbigant, 29 feuilles.

490 Voyage de la Thétis en Cochinchine, etc. 24 p.   1
dont 6 en double coloriées.

491 **Plans** et Cartes, d'Aix, Caen, Montpellier, Ser-   1
vice hydrométrique, La Haye, Rome antique,
Terre-Sainte, Londres, Italie, Mexique, Chine, etc.
Environ 60 p.

492 Album Vilmorin. — Pom. logie française. 33 p.   5
in-fol. coloriées et texte.

DESSINS

493 **Album** de Dessins, Crayons, Encre de Chine,   16
Bistre et Aquarelles, Portraits, Charges, Sujets
et Paysages, plus de 50 p., couvert en veau
vert.

494 — Crayons portraits chargés dans le goût d'Isabey, Paysage à la sépia et à l'encre de Chine de Berton, Thénot et autres. 30 p. rel. pleine v. vert dans un étui. Tranche dorée.

495 — Dessins de Antony Béraud 1840, J. Vernet, Larue, Malapeau, Maudevare, Aquarelles, Gouaches italiennes, Lithog. coloriées, Vues d'Italie, etc. 85 p. ayant appartenu à Mlle Dupont du Th.-Français, C. D. lettres dorées sur le plat, demi-rel. violet.

496 — de Sépia, Crayons et Aquarelles. 62 p. dont 3 lithog. coloriées et 1 eau-forte, demi-rel. dos vert.

497 — de Sépia, Crayons, 1 Lithog., 1 Photog. En tout 18 p. demi-rel., sur le plat Camille. Plusieurs Dessins signés Roehn.

498 ALÈS. Petite Marine, effet de lune à l'encre de Chine.

499 ANONYME. Assassinat de Lepelletier Saint-Fargeau dans un café. Grande aquarelle collée sur carton, a été gravée.

500 — Plan de l'église, de la chapelle et élévation du Mausolée de Quiberon, à l'encre de Chine. Grand in-fol.

501 — Portraits de Gérard. — Isabey. — Redouté. — 3 dessins crayons noirs, relevé de crayon de couleur.

502 — Mme Segalas, la tête seule au bistre. In-8.

503 AUDY. Voiture attelée de deux chevaux. Belle aquarelle in-fol. signée.

504 BÉRAT (E.). La République ne veut plus de   1
couronnes ni de régence, je vais faire du pain
de ménage, etc. Aquarelle 1848.

505 BOILLY. Grimaces et autres. 13 petits dessins   40
à la plume.

506 BOISSIEU. Vieillard montrant à lire à un enfant.   6
Crayon noir.

507 BONINGTON ? Vues de rues de villes de Nor-   36
mandie, vieilles maisons. 2 aquarelles in-fol.
Superbes.

508 BOUCHER (F.). Petit Enfant et son Chien. —   25
Jeunes Paysannes. 2 dessins à la plume signés
sur la monture.

509 BOUCHET (J.). Monument funèbre signé, —   1
Autre de la villa Ludovisi signé M, B. 2 dessins
mine de plomb.

510 BRUN (Abel). Costume de Laferrière signé. —   1
Autre d'ap. Watteau signé A. C:. 2 aquarelles.

511 CALVIÈRE (Comte C. de), Course, Saut de la   11
rivière, Aquarelle.

512 CHAPUY. Vues de Vorms, Heydelberg, Franc-   1.50
fort, Manheim et autres, à la mine de plomb.
8 p,

513 CHARLET (D'ap.). Le Père Mandar à cheval par   3
Fréd. Japy, plume et bistre. — Paysans, crayon.
2 dessins.

514 CHASSELAT. Pandore ? entre les attributs des   3
arts au bistre, signé.

515 — 1820. Portrait de Volney. Dessin in-8, à la   7
sépia, margé, superbe.

516 CHEVALIER (E.). Costume de travestissement, mine de plomb, terminée à l'aquarelle. Signé.

517 CHEVOTET. Façade du Palais Bourbon du côté de l'entrée. — Façade du Palais Bourbon côté du jardin qui regarde la rivière. 2 dessins grand in-fol. à l'encre de Chine. Signés.

518 CICERI (Eug.). Intérieur, Cour de ferme. Aquarelle, superbe. Signée.

519 COLIN. Les Liaisons dangereuses, jolie composition de quatre personnages in-12, marge grand in-8. — Et autre sujet pour illustration. 2 dessins sépia.

520 CONTAMINE (Caroline de). Poires, Roses. 2 aquarelles.

521 COURDOUAN, 1834. Vue prise à Barjols (Var). Aquarelle.

522 DAVID (Jules). La première communion d'une jeune fille. Superbe aquarelle signée.

523 — Seigneur offrant la main à une dame pour s'embarquer. Jolie aquarelle signée 1852.

524 DEMARNE, 1831. Brigand italien et sa femme. Mine de plomb, signé P. D.

525 DRANER. France, 1812, Carabinier. — 1813, Pupilles de la garde. — 1822, Gardes du corps. — 1861, Officier d'ordonnance. — 1862, Infanterie de ligne. — Sapeur. — Garde nationale, cavalerie. — École Polytechnique. — Cent-garde, petite tenue. — Pompier. — Espagne, 1852, chasseurs, 6e rég. — Angleterre, 1864, Infanterie de ligne. — Turquie, 1864. Pacha, 13 charges. Très-belles aquarelles, signées.

526 DREUX (Alfred de). Amazone et jeune garçon à
cheval. Mine de plomb.

527 DUPENDANT. Charges sur les Biches et les
Daims. 22 acquarelles.

528 DUVAL (Fr.). Vue du Jardin des Tuilleries, à
l'encre de chine. — Amphithéâtre, croquis
mine de plomb. 2 dessins signés.

529 DUVERGIER. Plan de Poissy, Forêt de Saint-
Germain et autres études de levée de plans. 19 p.

530 ECOLE FLAMANDE. Vue de Villes de Hollande.
3 belles aquarelles.

531 — Bloemen. — Goltzius. — C. de Pas. —
Poelemburq. 4 dessins de la collection Gasc.

532 ECOLE ITALIENNE. Bassan. — Buonacorsi. —
Cambiaso. — Aug. Carrache. 4 dessins collect.
Gasc.

533 — Correge. — Crespi. — Figino. 3 dessins
collect. Gasc.

534 — Maturino. — Procaccini. 2 dessins collect.
Gasc.

535 — Trevisani. — P. Veronese. 2 dessins collect.
Gasc.

536 FINART, 1824. Hussard à cheval. Jolie sepia.

537 FLERS. Paysage avec rivière. Crayon noir,
rehaussé de blanc.

538 FRAGONARD, 1785. Homme debout montrant
des sacs d'argent à terre. Bistre in-fol., signé.
Superbe

539 GENIOLE (A.). La mère et l'écolier. Aquarelle. —
La Discussion, aquarelle légère. 2 dessins.

DESSINS

540 GIRODET. Tête d'Étude. Crayon noir provenant de la succession du docteur A Becquerel, son parent.

541 GRAVELOT (H.). Inven. Pandore, opéra. *Que cette flamme pure.* In-4 à la plume.

542 GUERINEAU (Adolphe). Paysan et son chien. Mine de plomb.

543 GUINES (L. de). L'amour chatouille une nymphe qui effeuille une marguerite. Aquarelle ovale, signée.

544 HESSE fils. 1828. Costumes grecs. 2 aquarelles vigoureuses, signées.

545 JOHANNOT (Tony). Le bon Samaritain avec la gravure. — L'Enfant prodigue avec la gravure. Jésus, Marthe et Marie. 3 dessins à l'encre de Chine et 2 gravures. 5 p. in-8.

546 LACRETELLE (E. de). Danse de sept nymphes. Gouache.

547 LA FARGUE. Marche de troupes dans une rue de village. A la plume, bistre.

548 LALLEMAND. Intérieur de paysan, on va coiffer une jeune fille. — Le paysan qui bat sa femme, signé. 2 dessins à l'encre de Chine.

549 LÉONARD DE VINCI. Têtes grotesques à la plume. Superbes dessins. Le titre par Aug. Carrache. 60 p., dont 24 sont au revers. Sur la première feuille est écrit: *Romain Deseze. Cette précieuse collection m'a été donnée par M. Villeminot, janvier. 1802,* rel. pleine, dentelle sur les plats et en lettres dorées. TRONIEN GETEKEND-DOOR. — LIONARDO DA VINCI (Voir n° 26).

550 LE POITEVIN. Fragment de son tableau (les
Bains de mer). Mine de plomb, signée.

551 LEPRINCE (A. Xavier), 1821. La Bascule. —
La Pêche. — Frère et Sœur. — Animaux sauvages. aquarelle, 4 dessins, signés.

552 LETER (Fernand). Bords de la mer à Naples.
Aquarelle, signée.

553 LORSAY (Eust.). Acteurs et Actrices des Français, du Gymnase et autres, en pied. 30 p.
crayon.

554 LURSENIUS. Antiquités, Tumulus, etc., des
sauvages d'Amérique. 14 dessins à l'encre de
Chine.

555 MARTIN (Paul). Les Invalides à Paris, Aquarelle.

556 MARTINET. Composition à la sepia, pour illus-
trer un ouvrage sur l'Amérique. 9 dessins in-8.
Toute marge et combat de Turcs. In-4, 10 p.

557 MERY (madame). Paysages à la gouache. 3 dessins.

558 MEYER (I.-S.), 1844. Vue de châteaux. 2 dessins
à la plume, signés.

559 MICHELIN. Petit paysage. Mine de plomb,
signé.

5 60 MOREAU. Scène de l'Enéide. Liv. ii, au bistre,
in-8, toute marge. Superbe dessin.

561 —. Profil, charges à la plume, dessiné dans la
séance du 9 prairial an XIII. 1805.

562 MORIN, 1852. Lutrin, Coffre, Porte et Chapiteaux
de colonnes. 5 aquarelles.

563 NYON, 1855. Paysage. Mine de plomb, signé.

564 PEQUEGNOT. Eh ben m'sieu Édouard, etc. Le
 Pêcheur à la ligne. 3 aquarelles, charges.

565 PERNOT (F.-A.), 1844. La Madeleine près Ver-
 non (Eure). Ancienne résidence de Casimir De-
 lavigne. A l'encre de Chine.

566 PETIT (B.). Intérieur, 1824. — Caverne — et
 paysage de Joannis. 3 dessins sepia.

567 PEYRONNET, 1831. Intérieur de Forêt avec
 rivière et chien. Joli dessin à l'encre de Chine.

568 PRADIER (J.). Statue de Flore? Mine de plomb.

569 ROEHN. Salle de Musée d'histoire naturelle.
 Bistre, signé.

570 ROQUEPLAN. Paysage. Aquarelle, signée.

571 ROUSSEAU (Louis), 1792. Costume de femme,
 aquarelle.

572 RUHIERRE, 1848. Résurrection, aquarelle in-
 fol., d'ap. Vanloo.

573 SCHNETZ. Un Vainqueur de Fontenoy, dessiné
 d'ap. nature en 1840. — Profil d'un homme à
 lunettes. 2 croquis à la plume.

574 TARTE (Caroline). Paysages. 2 aquarelles.

575 THIENON. Château de Maintenon, 1826. Mine
 de plomb de la Collect. Sauvageot.

576 THIERRY. Cosaques d'après nature, aquarelle.

577 THOUESNY, avril 1770. Plan de la ville, port,
 citadelle et environs du **Havre**. Tableau de la
 distribution des débitants de tabac, avec leurs
 noms. Aquarelle immense in-fol.

578 VERNERT. Paysage avec rivière, d'ap. nature,
 aquarelle.

579 VERNET (J.). Matelot vu de dos, croquis à la
sanguine. Collect. Gasc.

580 VERNET (H.). Lion couché, à la plume, encre
bleue. A son ami Mennier, 1851.

581 VILLERET, 1824. Grotte, Intérieur et autre.
3 dessins sepia.

582 VISSCHER (Corn.). Jeune Seigneur à mi-corps.
In-fol., crayon noir, rehaussé de blanc sur papier bleu.

583 WATTEAU. Études de deux mains, sanguine.
Collect. Gasc.

584 ZEEMAN. Marine, Bâtiments à la plume.

585 **Dessins persans**. Costumes de femmes et
Scènes. 8 dessins aquarelles superbes. Petit
album, 1853.

586 **Dessins indiens**. Costumes, Danseuses, etc.
10 aquarelles.

587 **Dessins chinois**. Récolte du Riz. 13 aquarelles.

588 — Récolte du Thé, du Riz, de la Soie, etc. 52
aquarelles.

589 — Fleurs 8, et diverses autres 5. En tout 13 p.

590 — Tête de chinois, peinture vernie.

591 **Costumes** turcs, Dignitaires, etc. 26 aquarelles.

592 — Suisses, 2. — Italiens, 6, et 4 Lithog. coloriées. 12 p. superbes.

593 — Femmes orientales et autres. 8 aquarelles.

594 — Bustes de femmes suisses à l'encre de Chine.
2 p.

DESSINS

595 **Aquarelles.** Sujets historiques. Molière chez Ninon, devant Louis XIV et autres plus modernes. 10 p.

596 — Trompe-l'Œil et autres sujets. 15 p.

597 — École de natation, la Rosière, Démolition du bal Barthélemy, Canotiers, etc. 8 p.

598 — Vues, Paysages, très-belles. 12 p.

599 **Gouaches** italiennes. Éruptions du Vésuve, etc. 10 p.

600 **Croquis** à la plume et au crayon, par les artistes modernes, dessins originaux reproduits dans les salons de l'autographe. 98 p.

601 **Calques** d'Archéologie et d'Ornements. Plus de 130 p.

602 **Dessins divers.** Animaux, crayon, aquarelle, etc., et 23 coquilles aquarelles. 43 p.

603 — Architecture, Clocher de Saint-Leu. — Projet de Cheminée pour Mme Janin, aquarelle, et Décorations intérieures 15, et 13 chapiteaux. 28 p.

604 — Portraits, aquarelles et crayons. 12 p.

605 — Miniatures et Entourages de missels. 12 p., sur vélin.

606 — Sujets pour être vus dans un miroir cylindrique. 13 p., aquarelles.

607 — Sujets divers, à l'encre de Chine et bistre. 16 p.

608 — Caricatures, aquarelles et crayon, 15 p.

609 — Croquis à la plume, Esquisses aquarelles. 36 p.

610 — Croquis au crayon, Paysages. 55 p.	8
611 — Cathédrale d'Amiens et autres, sepia et à	2.50
l'encre de Chine. 20 p.
612 — Paysages, crayon, aquarelles, etc. 25 p.	2.50
613 — Sanguines et Peintures à l'huile. 15 p.	3
614 **Album** de papier blanc et de couleur, avec	2
quelques croquis. Demi-rel., violet. *et 15 Dessins*
615 — Portefeuilles de la Collection.

Guerre

*7 port et boite	2*
*1 — et boite	1	Vey*
*1 portefeuille	1	Vey*

L'ART DU XVIII° SIÈCLE

DE MM. DE GONCOURT

15 Portraits gravés par Adolphe VARIN

GONCOURT (Jules de) auteur.
GONCOURT (Edmond de) auteur.

MOREAU le jeune, dessinateur et graveur.
FRAGONARD (Honoré), peintre et graveur.
COCHIN, dessinateur et graveur.
PRUDHON, peintre et graveur.
CHARDIN (J.-Siméon), peintre.
GREUZE, peintre.
GRAVELOT, dessinateur,
SAINT-AUBIN (Aug.), dessinateur et graveur.
BOUCHER, peintre,
WATTEAU, peintre,
DEBUCOURT, dessinateur et graveur.
LATOUR (M Quentin de), peintre au pastel.
EISEN, dessinateur.

CES 13 PORTRAITS PEUVENT ILLUSTRER

LES DESSINATEURS D'ILLUSTRATIONS AU XVIII° SIÈCLE

Par le baron Roger de PORTALIS

GILLOT (Claude) dessinateur, graveur, par Legenisel.
WATELET (Claude-Henri), artiste amateur, par Legenisel.
L'ABBÉ DE SAINT-NON, auteur du *Voyage en Sicile.*
CHOFFARD (P.-Ph.), dessinateur de fleurons, par A. Varin.
BARON REGNAULT (J.-B.), peintre, par Legenisel.
LE COMTE (Marguerite), amie de Watelet, par Perronard.
GAUCHER, graveur, par Adolphe Varin.
WILLE (Jean-Georges), graveur, par Adolphe Varin.
DE MARCENAY DE GUY, graveur, dessinateur, par Legenisel.
DE LAUNAY (Nicolas), graveur, par Adolphe Varin.

AVANT LA LETTRE OU LETTRE GRISE

Bistre ou noir sur chine......................... 2 fr. 50
Bistre ou noir sur blanc.......................... 2 »

AVEC LA LETTRE

Bistre ou noir sur chine.......................... 1 fr. 25
Bistre ou noir sur blanc.......................... 1 »

Chez VIGNÈRES, rue de la Monnaie, 21, à Paris

Ve Renou, Maulde et Cock, impr. de la Cie des Commissaires-Priseurs
rue de Rivoli 144.   99907